Liebe Grüße, herzliche Gedanken
und fröhliche Rezepte
zum Geburtstag

Happy Birthday

von

___

für

___

Happy Birthday

BARBARA MILO OHRBACH

Liebe Grüße, herzliche Gedanken
und fröhliche Rezepte
zum Geburtstag

DUMONT

Gestaltung: Justine Strasberg
Umschlag: Justine Strasberg
Vorsatzpapiere: Harry Singer
Kalligraphie: Tim Girvin

Die Herausgeber haben alle Anstrengungen unternommen, die Rechteinhaber der verwendeten Text- und Bildmaterialien ausfindig zu machen. Eventuell notwendige Ergänzungen werden in folgenden Ausgaben selbstverständlich vorgenommen.

Besonderer Dank gilt der Erlaubnis zum Nachdruck von »First Fig« von Edna St. Vincent Millay. Aus: »Collected Poems«, Harper Collins, © 1922, 1950 by Edny St. Vincent Millay, mit freundlicher Genehmigung von Elizabeth Barnett.

Aus dem Amerikanischen von Beate Felten und Birgit Lamerz-Beckschäfer
Die Originalausgabe erschien unter dem Titel »Happy Birthday« bei
Clarkson N. Potter, Inc., New York

Die Deutsche Bibliothek - CIP-Einheitsaufnahme

Ohrbach, Barbara Milo:
Happy Birthday: liebe Grüsse, herzliche Gedanken und
fröhliche Rezepte zum Geburtstag von Barbara Milo Ohrbach.
[Aus dem Amerikan. von Beate Felten und Birgit Lamerz-
Beckschäfer]. - Köln: DuMont, 1996
Einheitssacht.: Happy Birthday (dt.)
ISBN 3-7701-3577-6
NE: Felten, Beate [Übers.]; HST

Satz: Rasch, Bramsche
Printed in Hong Kong

ISBN 3-7701-3577-6

Inhalt

Sonnenschein-Schichttorte 9

Eiscreme-Biskuitrolle 13

Schnelle Party-Pizza 17

Schoko-Schichttorte 21

Lockere Fondant-Creme. 25

Geburtstags-Clowns 29

Ananas-Stürzkuchen. 33

Eiscreme-Doppeldecker 37

Mini-Sandwiches. 41

Regenbogen-Muffins 45

Kokos-Schichttorte 49

Kokos-Zitronencreme 53

Ein herzliches Dankeschön allen, die mitgeholfen haben, das Büchlein zusammenzustellen: Beth Allen, Gayle Benderoff, Deborah Geltman, Tim Girvin, Teresa Nicholas, Mel Ohrbach, Ed Otto, Andrea Peabbles, Harry Singer, Tina Strasberg, Lisa Tow, Jane Treuhaft und Shirley Wohl.

Ein Wort zuvor

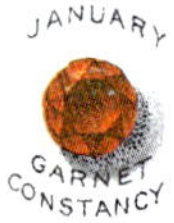

Es trifft jeden – oder, wie der Journalist Russell Baker eine seiner letzten Kolumnen zum Thema Geburtstag betitelte: *Everybody has one.* Und wie Sie an den in diesem Buch zusammengestellten Zitaten unschwer ablesen, geht auch jeder anders damit um.

Wenn wir älter werden, macht die früher so vertraute Freude über unseren Geburtstag manchmal anderen Empfindungen Platz, die uns vielleicht

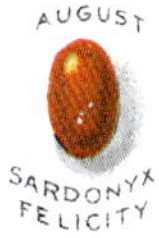

gar nicht so willkommen sind. Wir sollten aber auch daran denken, daß man einen Geburtstag zum Anlaß nehmen kann, alles mögliche zu feiern, wie das folgende Zitat uns lehrt:

»Haben Sie je daran gedacht, daß die Kerzen auf der Geburtstagstorte nicht für unsere Jahre, sondern auch für unsere Leistungen stehen? All die kleinen Dinge, die wir für andere getan haben - sei es ein andächtiges Gebet, ein aufmunterndes Wort oder eine hilfreich ausgestreckte Hand. Jede Kerze auf unserer Geburtstagstorte kann deshalb das Symbol für etwas sein, mit dem wir das Leben anderer ebenso reich gemacht haben wie unser eigenes.«

Ich hoffe, daß diese Überlegung Ihnen ebenso wie all die anderen freundlichen Gedanken in diesem Büchlein beim Schmökern Spaß bereiten, Sie ein bißchen zum Nachdenken anregen und Ihnen helfen, voller Zuversicht all den Geburtstagen entgegenzusehen, die noch vor Ihnen liegen. Und denken Sie auch an das, was Ralph Waldo Emerson sagte:

»Schreibt in Eure Herzen, daß jeder Tag der beste Tag des Jahres ist.«

Barbara Milo Ohrbach

Das Geheimnis, wie man jung bleibt: anständig leben, langsam essen und ein falsches Alter angeben. LUCILLE BALL

Alter ist eindeutig eine Sache der vernünftigen Einstellung: Wenn man vernünftig ist, stellt es sich nicht ein. JACK BENNY

Die Alten glauben alles; die mittleren bezweifeln alles; die Jungen wissen alles.

OSCAR WILDE

Ich lebe mein Leben in wachsenden Ringen, die sich über die Dinge ziehn.

RAINER MARIA RILKE

Ich schau' gern nach vorn, schau' gern zurück,
seh' jeden Geburtstag mit dankbarem Blick.

ALEXANDER POPE

Was immer im Gestern zerronnen,
das Beste wird erst noch kommen.

LUCY LARCOM

Man braucht sehr lange,
um jung zu werden.

PABLO PICASSO

Lieber abnutzen als einrosten.

BISCHOF RICHARD CUMBERLAND

Januar

MONATSSTEIN: *Granat (Beständigkeit)*
BLUME: *Nelke*
FARBEN: *Schwarz und Dunkelblau*
STEINBOCK: *22. Dezember bis 21. Januar*
WASSERMANN: *22. Januar bis 19. Februar*

Wer im Januar frischauf beginnt,
den Rest des Jahres Glück gewinnt.

Sonnenschein-Schichttorte

130 G	MEHL TYPE 450
$\frac{1}{2}$ TL	SALZ
6	GROSSE EIER UND ZUSÄTZL. 3 EIWEISS
370 G	ZUCKER
2 EL	FRISCH GEPRESSTER ORANGENSAFT
1 EL	ABGERIEBENE ZITRONENSCHALE
1 TL	WEINSTEIN

❧ Backofen auf 180 °C vorheizen. Eine Torten- oder Springform von 25 cm Durchmesser vorbereiten.

❧ Mehl mit Salz durchsieben.

❧ Die 6 Eier trennen. Mit dem Mixer die Eigelb 5 Minuten lang schaumig rühren, bis die Masse dick wird.

❧ Nach und nach 220 g Zucker unterrühren und 5 Minuten lang weiterschlagen. Orangensaft und Zitronenschale hinzufügen.

❧ In einer anderen Schüssel die 9 Eiweiß mit Weinstein steif schlagen, dabei den restlichen Zucker einrieseln lassen, die Masse darf aber nicht trocken werden.

❧ $\frac{1}{3}$ der Eiweißmasse unter die Eigelb ziehen. Nun das Mehl einarbeiten, anschließend das restliche Eiweiß unterheben. In die Backform füllen.

❧ 35 Minuten backen. Mit einem Holzstäbchen prüfen, ob der Teig gar ist.

❧ Stürzen und umgekehrt in der Form abkühlen lassen, dann erst herausnehmen.

ERGIBT 12 PORTIONEN.

*E*in Diplomat ist ein Mann, der stets an den Geburtstag einer Frau denkt, sich an ihr Alter aber niemals erinnert.

ROBERT FROST

»*M*ein Geburtstag« – wie anders klang dies Wort in meinen jungen Ohren!

THOMAS MOORE

*E*in Blumenstrauß, ein Körbchen fein, soll'n dein Geburtstagsgruß heut sein.

ANONYM

*G*laubst du etwa, du könntest beides haben: deine Torte aufessen und behalten?

JOHN HEYWOOD

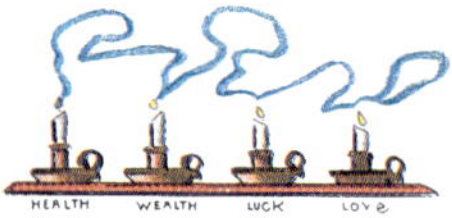

*E*s gibt zwei Möglichkeiten, zu leuchten: die Kerze zu sein oder der Spiegel, der ihr Licht zurückwirft.

EDITH WHARTON

Die meisten von uns erinnern sich noch an einen Geburtstag, vor allem, wenn es der eigene war, der die Welt mit strahlendem Licht erfüllte wie eine zweite Sonne. ROBERT LYND

Es grüßen blaue Blümlein licht
in deinem Garten klein.
Sie bitten dich: Vergiß mein nicht,
denn ich gedenke dein.
VOLKSMUND

Die beste Methode, stets an den Geburtstag seiner Frau zu denken, ist, ihn ein einziges Mal zu vergessen. H. V. PROCHNOW

Es ist wundervoll, wenn ich alle Geburtstage vergesse – auch meinen eigenen – und doch jemand an mich denkt. ELLEN GLASGOW

Februar

Monatsstein: *Amethyst (Aufrichtigkeit)*
Blume: *Veilchen*
Farben: *Hellblau und Gelb*
Wassermann: *22. Januar bis 19. Februar*
Fische: *20. Februar bis 20. März*

Im Februar schenkt man sich Blumen trotz Frost,
sie bringen den Herzen der Freunde Trost.

Eiscreme-Biskuitrolle

1	REZEPT TEIG FÜR SONNEN-SCHEIN-SCHICHTTORTE (Seite 9)	350 G	PUDERZUCKER, GESIEBT
		1 L	WEICHE EISCREME

❧ Backofen auf 180 °C vorheizen. Den Boden eines Backblechs mit Backpapier belegen und einfetten. Ein sauberes Trockentuch bereitlegen.

❧ Den Teig für Sonnenscheintorte zubereiten und auf dem Blech ausstreichen. 15 Minuten backen, bis die Oberfläche auf Druck elastisch nachgibt.

❧ Das Tuch ausbreiten und mit Puderzucker bestäuben. Die Teigplatte sofort auf das Tuch stürzen, Backpapier vorsichtig abziehen. Mit einem Messer die harten Ränder der Teigplatte abschneiden.

❧ Von der Schmalseite her die Teigplatte mit dem Tuch zusammen rasch aufrollen und auf einem Gitter vollständig auskühlen lassen (mindestens mehrere Stunden).

❧ Die Teigplatte vorsichtig wieder ausrollen und nach Ablösen des Trockentuches mit der weichen Eiscreme bestreichen, dabei an allen Seiten einen ca. 2–3 cm breiten Rand freilassen. Wieder aufrollen, in Backpapier einwickeln und im Gefrierschrank fest werden lassen.

❧ Zum Servieren mit einem Messer quer in 2–3 cm breite Stücke schneiden.

ERGIBT 8 PORTIONEN.

Manchmal habe ich das Gefühl, mein Leben rückwärts zu leben, als werde mit dem bevorstehenden Alter meine eigentliche Jugend beginnen. Meine Seele war bei meiner Geburt mit Runzeln überzogen – Runzeln, die meine Vorfahren und Eltern höchst beharrlich dort eingegraben hatten ...

ANDRÉ GIDE

Die Jugend ist etwas Wundervolles. Es ist eine Schande, daß man sie an Kinder vergeudet.

GEORGE BERNARD SHAW

Bin ich Euch zu jung und dumm,
zu stehen hier vor Publikum?
Doch sollt' es mir nicht recht gelingen,
der alten Griechen Lied zu singen,
dann schaut mich nicht zu kritisch an
und laßt ein gutes Haar daran:
Aus kleinem Quell erwächst ein Fluß,
ein Baum aus einer winz'gen Nuß.

DAVID EVERETT

Eines der Anzeichen dafür, daß unsere Jugend vorübergeht, ist das Aufkeimen eines Gefühls der Verbundenheit mit anderen Menschen ...

VIRGINIA WOOLF

Jung ist man nur einmal im Leben.

HENRY WADSWORTH LONGFELLOW

Die Jugend war ihr so zur Gewohnheit geworden, daß sie sie nicht aufgeben mochte.

RUDYARD KIPLING

Des Lebens Mai blüht nur einmal und nie wieder.

FRIEDRICH VON SCHILLER

Das Alter, das man haben möchte, verdirbt das Alter, das man hat.

PAUL HEYSE

März

MONATSSTEIN: *Hämatit (wahr, fest)*
BLUME: *Osterglocke*
FARBEN: *Weiß*
FISCHE: *20. Februar bis 20. März*
WIDDER: *21. März bis 20. April*

Der frische Märzwind bläst die Sorgen fort,
möge das Glück dir hold sein immerfort.

Schnelle Party-Pizza

2 EL MAISMEHL
1 PACKUNG (CA. 300 G) FERTIGER PIZZATEIG
1 PACKUNG (CA. 400 G) TOMATENSAUCE MIT STÜCKCHEN
2 TL ITALIENISCHE KRÄUTER-MISCHUNG, GETROCKNET
CA. 500 G GERASPELTER MOZZARELLA
2 EL OLIVENÖL
FÜR DEN BELAG Z. B. GESCHMORTE PAPRIKASCHOTEN, PILZE, ZWIEBELN, PEPERONI ODER SALAMI

❧ Den Backofen auf 220 °C vorheizen. Ein Backblech von ca. 38 × 45 cm Größe einfetten und mit Maismehl bestäuben.
❧ Den Teig auf dem Backblech ausbreiten, dabei von der Mitte nach außen hin ausrollen. Die Ränder etwas hochbiegen.
❧ Die Tomatensauce mit den Kräutern verrühren und auf der Teigplatte verteilen.
❧ Nach Wahl belegen und mit dem Käse bestreuen, das Olivenöl darüberträufeln.
❧ 15 Minuten lang backen, bis die Pizza goldgelb ist.

ERGIBT 8 PORTIONEN.

Ein Neunzigjähriger ist ein Trost für alle Nachbarn. Er ist der Wachposten an der vordersten Front, und die jungen Leute von sechzig oder siebzig meinen, der Feind müsse erst bei ihm zuschlagen, bevor er sich ihrem Lager nähern könne.

OLIVER WENDELL HOLMES

Alles, was ich weiß, habe ich mit über dreißig gelernt. GEORGES CLEMENCEAU

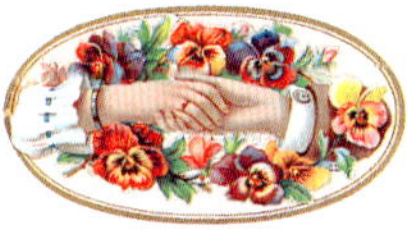

Die Jahre zwischen fünfzig und siebzig sind die anstrengendsten. Man wird dauernd gebeten, etwas zu tun, ist aber noch nicht hinfällig genug, es den anderen abzuschlagen.

T. S. ELIOT

Von ihrer Geburt bis zum achtzehnten Geburtstag muß ein Mädchen gute Eltern haben, von achtzehn bis fünfunddreißig gut aussehen, von fünfunddreißig bis fünfundfünfzig einen guten Charakter besitzen und ab fünfundfünfzig eine gute Barschaft. SOPHIE TUCKER

Wenn du dreißig wirst, passiert etwas völlig Neues: Du merkst, daß du dich wie deine Eltern verhältst.

BLAIR SABOL

Als ich vierzehn war, war mein Vater so ungebildet, daß ich es kaum ertrug, den Alten um mich zu haben. Als ich aber einundzwanzig wurde, war ich verblüfft, wieviel er in den sieben Jahren gelernt hatte.

MARK TWAIN

Der Vorteil, achtzig zu werden, liegt darin, daß man viele Menschen lieben durfte.

JEAN RENOIR

Das Gesicht, das du mit zwanzig hast, gab dir die Natur, doch das Gesicht, das du mit fünfzig haben wirst, mußt du dir erst selbst verdienen.

COCO CHANEL

April

Monatsstein: *Diamant (Unschuld)*
Blume: *Wicke*
Farben: *Gelb und Rot*
Widder: *21. März bis 20. April*
Stier: 21. *April bis 21. Mai*

*Der April bringt Sonne und Regengüsse,
dir schick' ich Blumen und tausend Küsse.*

Schoko-Schichttorte

170 G	BLOCK-SCHOKOLADE	450 G	ZUCKER
400 G	MEHL TYPE 405	6	GROSSE EIER
1 TL	BACKPULVER	½ P.	VANILLEZUCKER
½ TL	SALZ	300 ML	MILCH
½ TL	NATRON	300 G	SAUERRAHM
250 G	BUTTER		FONDANT-CREME (Seite 25)

❧ Den Backofen auf 180 °C vorheizen. Die Böden von drei runden Tortenformen (Durchmesser 22 cm) mit Backpapier belegen und einfetten.

❧ Die Blockschokolade bei schwacher Hitze schmelzen und abkühlen lassen.

❧ Mehl mit Backpulver, Salz und Natron durchsieben.

❧ Mit dem Mixer Butter und Zucker schaumig rühren. Eier trennen. Nacheinander die Eigelb unterziehen, dann die Blockschokolade und den Vanillezucker einarbeiten.

❧ Abwechselnd die Mehlmischung und die Milch unterrühren. Den Sauerrahm unterziehen.

❧ In einer anderen Schüssel die Eiweiß steif schlagen. Vorsichtig unter den Teig heben und die Masse in die Formen füllen.

❧ 35 Minuten backen. Prüfen, ob der Teig gar ist. Auf einem Gitter 5 Minuten lang etwas abkühlen lassen, aus den Formen heben und auskühlen lassen.

❧ Böden zusammensetzen, dabei auf jedem Boden, auf der Oberfläche und am Rand der Torte die lockere Fondant-Creme von Seite 25 verstreichen.

ERGIBT 12 PORTIONEN.

Wie weit die kleine Kerze Schimmer wirft!
WILLIAM SHAKESPEARE

Du willst glücklich sein? Dann sei es doch!
HENRY DAVID THOREAU

Die heimlichen Jahrestage des Herzens.
HENRY WADSWORTH LONGFELLOW

Einem geschenkten Gaul sieht man nicht ins Maul.
KIRCHENVATER HIERONYMUS

Einen fröhlichen Geber hat Gott lieb.
KORINTHERBRIEFE

Kleine Geschenke erhalten die Freundschaft.
VOLKSMUND

Mein Herz singt wie ein Vogel hell ...
denn der Geburtstag meines Lebens
ist da, mein Lieb hat mich gefunden.

CHRISTINA ROSSETTI

»Ich meinte: Was ist ein Nichtgeburtstagsgeschenk?«

»Natürlich eines, das du bekommst, wenn du nicht Geburtstag hast.«

Alice dachte kurz nach, dann sagte sie: »Also mir sind Geburtstagsgeschenke lieber.«

»Du weißt nicht, wovon du redest!« rief Hampti Dampti. »Wie viele Tage hat das Jahr?«

»Dreihundertundfünfundsechzig.«

»Und wie viele Geburtstage hast du?«

»Einen.«

LEWIS CARROLL

Ich möcht' ein Maler sein,
für dich nur meine Bilder malen,
und wenn du dann Geburtstag hast,
soll'n sie an deiner Wand erstrahlen.

ANONYM

Mai

MONATSSTEIN: *Smaragd (Heiterkeit)*
BLUME: *Maiglöckchen*
FARBEN: *Gelb und Rot*
STIER: 21. *April bis 21. Mai*
ZWILLINGE: *22. Mai bis 21. Juni*

Im Mai tollen die Lämmer über das Gras,
ich wünsche Dir allzeit Freude und Spaß.

Lockere Fondant-Creme

400 G	BUTTER	300 G	PUDERZUCKER, GESIEBT
170 G	BLOCK-SCHOKOLADE	$^1/_2$ P.	VANILLEZUCKER
3	EIWEISS		

- Die Butter auf Zimmertemperatur erwärmen.
- Die Blockschokolade bei schwacher Hitze schmelzen und abkühlen lassen.
- In einer kleinen Schüssel die Eiweiß mit dem Mixer steif schlagen.
- Weiterschlagen, dabei nach und nach den Puderzucker unterziehen, bis die Masse dick wird.
- In einer anderen Schüssel mit dem Mixer Butter und Vanillezucker gründlich schaumig rühren. Zunächst die Eiweißmasse, dann die Blockschokolade hinzugeben und gleichmäßig 3 Minuten lang weiterrühren, bis die Masse locker und geschmeidig ist.
- **Zum Füllen der Schoko-Schichttorte von S. 21 verwenden.**

CREME FÜR EINE TORTE MIT DREI BÖDEN.

Ewige Jugend heißt: Entwicklungsstillstand.

ALICE ROOSEVELT LONGWORTH

Es ist grundfalsch und ausgesprochen willkürlich, alles Spiel und Lernen in die Kindheit, alle Arbeit ins mittlere Lebensalter und alles Bedauern ins Alter zu legen.

MARGARET MEAD

Da war ein tanzender Stern,
unter dem ward' ich geboren.

WILLIAM SHAKESPEARE

Es gibt kein Heilmittel gegen Geburt und Tod, daher sollte man die Zeit dazwischen genießen.

GEORGE SANTAYANA

Die Blume betrachten, die sich öffnen will.
Ein Ahnen vom Ursprung der Welt.

TOJOTAMA TSUNO

Jeder Mensch auf dieser Welt wird mit einer Tragödie geboren, und damit meine ich nicht die Erbsünde. Er wird mit dem tragischen Geschick geboren, erwachsen werden zu müssen ... und dazu fehlt vielen Menschen der Mut.

HELEN HAYES

Erziehung formt den menschlichen Verstand, so wie der Zweig sich biegt, wenn man ihn zum Spalier erzieht.

ALEXANDER POPE

Als das erste Baby zum ersten Mal lachte, zersprang das Lachen in tausend Stücke, die allesamt forthüpften, und so wurden die Feen geboren.

JAMES M. BARRIE

Schon sehr früh wußte ich, daß das Leben nur den einen Sinn hatte: zu wachsen.

MARGARET FULLER

Juni

MONATSSTEIN: Perle (Gesundheit)
BLUME: Rose
FARBEN: Hellblau und Weiß
ZWILLINGE: 22. Mai bis 21. Juni
KREBS: 22. Juni bis 22. Juli

Im Juni blühn' Rosen und Eisenhut,
sei immer fröhlich und wohlgemut.

Geburtstags-Clowns

1 L EISCREME, AROMEN NACH WAHL
12 RUNDE PLÄTZCHEN VON CA. 7,5 CM DURCHMESSER
36 BUNTE FRUCHT-GUMMIS ODER GELEEFRÜCHTE
6 STRÄNGE ROTES LAKRITZ
150 G KOKOSRASPEL
GRÜNE LEBENS-MITTELFARBE
12 EISHÖRNCHEN

❧ Am Vortag für die Clownsköpfe 12 Kugeln Eis auf einem Blech gefrieren. Die Plätzchen backen oder fertig kaufen.

❧ Die Plätzchen mit ca. 5 cm Abstand auf einem Tablett anrichten. Für die Clownsgesichter jeweils eine Kugel Eis auf ein Plätzchen setzen. Augen und Nase aus Fruchtgummis bilden, Haare und Mund aus Lakritz zurechtschneiden und formen.

❧ Die Kokosraspel mit ein paar Tropfen Lebensmittelfarbe in einer Schüssel rasch verrühren, bis sie sich grün färben. Dann jeweils rund um die Eiskugel auf dem Plätzchen festdrücken, so daß jeder Clown einen flauschigen Kragen hat.

❧ Jedem Clown ein Eishörnchen als Hut aufsetzen. Bis zum Servieren im Gefrierschrank aufbewahren.

ERGIBT 12 LUSTIGE CLOWNS.

Das Montagskind
hat ein gar lieb's Gesicht,
das Dienstagskind
ist immer freundlich und gut,
das Mittwochskind
weint manchmal bitterlich,
das Donnerstagskind
hat Tatkraft und Mut,
das Freitagskind
gibt gern und von Herzen,
das Samstagskind
leidet Hunger und Schmerzen,
doch das Kind, das am Sonntag
geboren ist,
soll allezeit bleiben, wie es ist.

ENGLISCHER KINDERREIM

Zum heut'gen frohen Feste
wünsch' ich von Herzen dir
das Schönste und das Beste
und deine Liebe mir!
Nimm meinen Wunsch
aus reinem Sinn
und treuer Liebe
freundlich hin!

VOLKSMUND

*Alles Übel wünsch' ich dir
fern vom Leib – das glaube mir.
Alles Unglück treffe dich
niemals – und vergiß mich nicht!*

VOLKSMUND

ENGLISCH:	Happy birthday!
ARABISCH:	Eed melad saïd!
CHINESISCH:	Sāang yaht faai lokik!
DÄNISCH:	Hjertelig til lykke medfødselsdagen!
HOLLÄNDISCH:	Hartelijk gefeliciteerd metje verjaardag!
FRANZÖSISCH:	Bon anniversaire!
DEUTSCH:	Herzlichen Glückwunsch zum Geburtstag!
UNGARISCH:	Boldog szuletes napot!
ITALIENISCH:	Buon compleanno!
JAPANISCH:	Otanjyobi omedeto!
RUSSISCH:	Sdnyom rozhdenya!
SPANISCH:	Feliz cumpleaños!
WALISISCH:	Penblwydd hapus!

*Dreißig Tage hat September,
April, Juni und November.
Achtundzwanzig Februar allein,
die anderen Monate dreißig und ein.
Doch neunundzwanzig, das ist wahr,
hat der Februar jedes Schaltjahr.*

ENGLISCHER KINDERREIM

Juli

MONATSSTEIN: *Rubin (Liebe)*
BLUME: *Rittersporn*
FARBEN: *Grün und Rostrot*
KREBS: *22. Juni bis 22. Juli*
LÖWE: *23. Juli bis 23. August*

Der Juli schmückt sich mit allerlei Pracht,
ich schicke Dir Blumen – hab' an Dich gedacht.

Ananas-Stürzkuchen

200 G	MEHL
2 TL	BACKPULVER
½ TL	NATRON
2	PRISEN SALZ
12 EL	BUTTER
110 G	BRAUNER ZUCKER
1	DOSE (560 G) ANANASSCHEIBEN IN UNGEZUCKERTEM SAFT
10	MARASCHINO-KIRSCHEN
150 G	KRISTALLZUCKER
2	GROSSE EIER
1 P.	VANILLEZUCKER
150 G	SAUERRAHM

❧ Backofen auf 190 °C vorheizen. Eine hohe, backofengeeignete Pfanne von 25 cm Durchmesser vorbereiten. Mehl mit Backpulver, Natron und Salz durchsieben und zur Seite stellen.

❧ 6 EL Butter in der Pfanne schmelzen lassen. Den braunen Zucker hinzugeben und rühren, bis die Masse Blasen wirft. Vom Feuer nehmen.

❧ Die Ananasscheiben abtropfen lassen, dabei den Saft auffangen. In die Pfanne geben. Die halbierten Kirschen mit den Schnittflächen nach unten dazwischenlegen.

❧ Mit dem Mixer die übrige Butter mit Kristallzucker schaumig rühren, bis sie fast weiß ist. Nacheinander die Eier unterziehen, dann 3 EL Saft und den Vanillezucker. Mehl und Sauerrahm abwechselnd unterheben. Auf den Ananasscheiben verteilen.

❧ 30 Minuten backen. Mit einem Holzstäbchen prüfen, ob der Teig gar ist. 5 Minuten abkühlen lassen und dann auf eine Platte stürzen.

ERGIBT 8 PORTIONEN.

Morgen ist schließlich auch noch ein Tag.

MARGARET MITCHELL

Alles, was ich besitze, für einen Moment Zeit.

KÖNIGIN ELIZABETH I.

Die besten Dinge meines Lebens kamen fast immer unverhofft und ungeplant.

CARL SANDBURG

Man wird an dem Tag erwachsen, an dem man zum ersten Mal herzlich über sich selbst lacht.

ETHEL BARRYMORE

Im Regen ist schlecht Heu machen.

DEUTSCHES SPRICHWORT

*Ein Heute ist soviel wert
wie zwei Morgen.*

BENJAMIN FRANKLIN

Je mehr sich die Dinge ändern, desto mehr ähneln sie sich.

ALPHONSE KARR

Alle zehn Jahre sollte man sich selbst kräftig in den Allerwertesten treten.

EDWARD STEICHEN

Würde ich doch nur: stärker, einfacher – ruhiger, wärmer.

DAG HAMMARSKJÖLD

Innerlich bleiben wir immer gleich alt.

Gertrude Stein

August

MONATSSTEIN: *Achat (Glück)*
BLUME: *Gladiole*
FARBEN: *Orange und Rot*
LÖWE: *23. Juli bis 23. August*
JUNGFRAU: *24. August bis 23. September*

Im August kommt für alle die Ferienzeit,
ich wünsch' auch Dir Erholung und Heiterkeit.

Eiscreme-Doppeldecker

90 G	BLOCK-SCHOKOLADE	250 G	ZUCKER
300 G	MEHL, GESIEBT	1	GROSSES EI
½ TL	NATRON	½ P.	VANILLEZUCKER
2	PRISEN SALZ	2 EL	MILCH
250 G	BUTTER	1 L	EISCREME, AROMA NACH WAHL

❧ Für die Plätzchen den Backofen auf 180 °C vorheizen. 2 Backbleche einfetten.

❧ Die Blockschokolade bei schwacher Hitze schmelzen und abkühlen lassen.

❧ Mehl mit Natron und Salz vermischen.

❧ Mit dem Mixer die Butter mit dem Zucker schaumig rühren. Nacheinander Blockschokolade, Eier und Vanillezucker unterziehen.

❧ Jeweils 1 Eßlöffel Teig im Abstand von 7-8 cm auf das Backblech setzen und mit dem Löffelrücken zu Plätzchen von ca. 5 cm Durchmesser ausstreichen. 10 Minuten backen, bis die Plätzchen fest sind. 3 Minuten lang auf dem Blech abkühlen lassen, dann auf Gittern ausgebreitet 30 Minuten lang auskühlen lassen.

❧ Die Eiscreme 15 Minuten vor dem Zusammensetzen der Doppeldecker aus dem Gefrierschrank nehmen und antauen lassen. Je zwei Plätzchen mit Eiscreme füllen. Vor dem Servieren ½ Stunde gefrieren lassen.

ERGIBT 15 DOPPELDECKER.

Die besten Jahre im Leben einer Frau liegen im Schatten der Fünfzig.

ELIZABETH CADY STANTON

Dreißig, fünfunddreißig, vierzig; alle hatten sie besucht wie mahnende Verwandte und waren gleich danach verschwunden, spurlos, lautlos, und nun saß sie wieder da und wartete.

EVAN S. CONNELL

Ich habe eine Menge Ideen, aber viel zu wenig Zeit, denn ich gehe davon aus, daß ich nur etwa hundert Jahre alt werde.

THOMAS ALVA EDISON

Vierzig ist das Alter der Jugend; Fünfzig ist die Jugend des Alters.

FRANZÖSISCHES SPRICHWORT

Mit zwanzig regiert der Wille, mit dreißig der Verstand, und mit Vierzig die Urteilskraft.

BENJAMIN FRANKLIN

Mit vierzig braucht ein Mann sich nur darüber zu sorgen, daß ihm die Haare ausfallen, daß er den obersten Knopf nicht mehr zubekommt, immer schlechter sieht, zunehmend kurzatmiger wird und daß es ihm jedesmal mulmig wird, wenn die Sprache auf seine Rente kommt. Vierzig ist wahrlich die schönste Zeit des Lebens.

ROBERT BENCHLEY

40

Ich muß lachen, wenn du sagst, du seist nicht mehr jung, denn du seist ja vierundzwanzig geworden. Auch über sechzig ist man jung oder kann es sein, und alt ist man erst ab achtzig.

OLIVER WENDELL HOLMES, JR.

35

Jemanden über fünfunddreißig kennenzulernen, lohnt sich nur dann, wenn er einem etwas beibringen kann – etwas, das man nicht selbst herausfinden oder in einem Buch lesen kann.

CYRIL CONNOLLY

Wenn man der Welt die Erfahrung und die Weisheit der Männer über fünfzig nehmen würde, wäre nicht genug übrig, sie weiterbestehen zu lassen.

HENRY FORD

50

September

Monatsstein: *Saphir (Weisheit)*
Blume: *Aster*
Farben: *Braun*
Jungfrau: *24. August bis 23. September*
Waage: *24. September bis 23. Oktober*

Im September Astern und Goldruten glüh'n,
möge Dein Lebensgarten noch lange Zeit blüh'n.

Mini-Sandwiches

DÜNN GESCHNITTENES WEISS- ODER GRAUBROT
WEICHE, UNGESALZENE BUTTER
GEMAHLENER SCHWARZER PFEFFER
DOPPELRAHM-FRISCHKÄSE
REIFE TOMATEN
SALZ
KRESSE
GURKEN
FRISCHER DILL
HARTGEKOCHTE EIER
MAYONNAISE
1 BUND SCHNITTLAUCH

❧ Von den Brotscheiben die Krusten abschneiden.
❧ Die Butter mit Pfeffer abschmecken. In einer anderen Schüssel den Frischkäse mit Pfeffer würzen.
❧ Für die Tomatenbrote Tomaten blanchieren und häuten. Jeweils 1 Scheibe Brot mit Butter bestreichen, dünne Tomatenscheiben darauflegen und salzen.
❧ Für die Kressebrote jeweils 1 Scheibe Brot mit Butter bestreichen und mit Kresse belegen.
❧ Für die Gurkenbrote die Gurke in dünne Scheiben schneiden und jeweils 1 Schnitte Brot mit Frischkäse bestreichen, Gurkenscheiben auflegen und mit Dill und Salz bestreuen.
❧ Für die Eibrote jeweils 1 Brotscheibe mit Mayonnaise bestreichen, Eischeiben darauflegen und mit Schnittlauch und Salz bestreuen oder etwas Kresse verzieren.
❧ Jede Scheibe Brot diagonal in vier Dreiecke zerteilen. Auf eine Platte legen und bis zum Servieren mit einem feuchten Tuch abdecken.

Wie sehr das Schwelgen in gemeinsamen Erinnerungen uns unsere alten Freunde ans Herz wachsen läßt.

GEORGE ELIOT

Mir, schöner Freund, kannst du nie älter werden,
denn wie beim ersten Mal, als ich dich sah,
wird deine Schönheit immer strahlen.

WILLIAM SHAKESPEARE

In ein hübsches Gesicht zeichnet die Zeit Falten, doch einem guten Freund verleiht sie frische Farbe.

JOHN LYLE

Freundschaft ist wie Abendschatten, sie wächst mit der untergehenden Sonne des Lebens.

JEAN DE LA FONTAINE

Ein verliebter Alter ist ein Winter mit Blumen.

FRANZÖSISCHES SPRICHWORT

Eine Freundschaft, die fast vierzig Jahre währt, ist für mich der schönste schattenspendende Baum.

JAMES RUSSELL LOWELL

Das mittlere Alter zeichnet sich dadurch aus, daß man schon so viele Leute kennt, daß jeder neue Bekannte einen an jemand erinnert.

OGDEN NASH

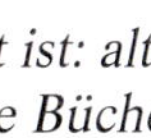

Ich liebe alles, was alt ist: alte Freunde, alte Zeiten, alte Sitten, alte Bücher, alte Weine.

OLIVER GOLDSMITH

Wir sind einander so zugetan, weil uns die gleichen Leiden plagen

JONATHAN SWIFT

Oktober

Monatsstein: *Opal (Hoffnung)*
Blume: *Ringelblume*
Farben: *Weiß und Gelb*
Waage: *24. September bis 23. Oktober*
Skorpion: *24. Oktober bis 22. November*

Oktober wirbelt das Laub von den Bäumen,
ich bring' dir ein Ständchen in Deinen Träumen.

Regenbogen-Muffins

400 G	MEHL TYPE 405
1 TL	BACKPULVER
½ TL	SALZ
250 G	BUTTER
450 G	ZUCKER
5	GROSSE EIER
1 P.	VANILLEZUCKER
¼ L	MILCH
2 TL	ABGERIEBENE ORANGENSCHALE
	WEISSER ZUCKERGUSS
	LEBENSMITTELFARBE

❧ Backofen auf 180 °C vorheizen. Muffinförmchen einfetten oder Papierförmchen vorbereiten.

❧ Mehl mit Backpulver und Salz durchsieben.

❧ Mit dem Mixer die Butter mit dem Zucker schaumig rühren, bis sie fast weiß ist. Nacheinander die Eier und den Vanillezucker unterziehen.

❧ Abwechselnd Mehl und Milch einrühren, Orangenschale zugeben. Die Förmchen zu zwei Dritteln mit Teig füllen.

❧ 20 Minuten backen. Mit einem Holzstäbchen prüfen, ob der Teig gar ist. Auf einem Gitter 5 Minuten lang abkühlen lassen. Aus den Förmchen nehmen und vollständig auskühlen lassen.

❧ Mit einem Guß nach Wahl überziehen, zuvor mit ein paar Tropfen Lebensmittelfarbe in Ihrer Lieblingsfarbe färben.

ERGIBT 24 MUFFINS.

Laß uns alt zusammen werden!
Das Beste liegt noch vor uns ...
ROBERT BROWNING

Hoch soll er leben,
hoch soll er leben,
dreimal hoch!
TRADITIONELLES LIED

Die ersten Zeichen des Alters wirst du dann erkennen, mein Junge, wenn du eines Tages durch die Straßen Londons gehst und zum ersten Mal feststellst, wie jung die Polizisten aussehen.
SIR SEYMOUR HICKS

Was ist schöner als eine liebe alte Dame, die mit dem Alter immer weiser wird? Jedes Alter kann bezaubern, solange man es selbst erlebt.
BRIGITTE BARDOT

Versuch', deiner Seele bis ins hohe Alter Jugend und Neugier zu bewahren.
GEORGE SAND

E*in verliebtes junges Pärchen sieht man alle Tage, doch zwei alte Leute, die sich innig zugetan, sind das Schönste, was es gibt.*

WILLIAM MAKEPEACE THACKERAY

A*n manchen Tagen fühlt man sich alt, an anderen wird man wieder jung.*

KATHERINE BUTLER HATHAWAY

U*m die Lebensmitte sollte sich die Seele öffnen wie eine Rose, nicht schließen wie ein Kohlkopf.*

JOHN ANDREW HOLMES

E*in Mann kommt in die besten Jahre, wenn die guten vorüber sind.*

GERHARD GRÜNINGER

D*ie Erkenntnisse in der Lebensmitte besitzen ihre eigene Leuchtkraft.*

GAIL SHEEHY

November

Monatsstein: *Topas (Treue)*
Blume: *Chrysantheme*
Farben: *Dunkelblau und Rot*
Skorpion: *24. Oktober bis 22. November*
Schütze: *23. November bis 21. Dezember*

Wenn der Novembernebel steigt empor,
für Dich singt der Geburtstagschor.

Kokos-Schichttorte

430 G	MEHL TYPE 405
4 TL	BACKPULVER
½ TL	SALZ
250 G	BUTTER
400 G	ZUCKER
6	GROSSE EIER
1 P.	VANILLE-ZUCKER
½ L	FLÜSSIGE SCHLAGSAHNE (28 % FETT)
100 G	KOKOSRASPEL
	KOKOS-ZITRONEN-CREME (SEITE 53)

❧ Backofen auf 180 °C vorheizen. Die Böden von drei runden Backformen zu je 22 cm Durchmesser mit Backpapier belegen und einfetten.

❧ Mehl mit Backpulver und Salz durchsieben.

❧ Mit dem Mixer die Butter mit dem Zucker schaumig rühren, bis sie fast weiß ist. Eier trennen. Die Eigelb nacheinander unterziehen und den Vanillezucker zugeben.

❧ Das Mehl abwechselnd mit der Sahne einrühren, dann die Kokosraspel hinzufügen.

❧ In einer anderen Schüssel die Eiweiß steif schlagen. Vorsichtig unter die Buttermasse heben. Gleichmäßig auf die Formen verteilen.

❧ 30 Minuten backen. Prüfen, ob der Teig gar ist. Auf einem Gitter 5 Minuten lang abkühlen lassen, dann aus den Formen nehmen und vollständig auskühlen lassen.

❧ Böden zusammensetzen, dabei auf jedem Boden, auf der Oberfläche und am Rand der Torte die Kokos-Zitronencreme von Seite 53 verstreichen.

ERGIBT 12 PORTIONEN.

Was würd' ich darum geben, nochmal siebzig zu sein!
OLIVER WENDELL HOLMES, JR.

Ganz gleich, wie alt man wird, die ersten zwanzig Jahre sind immer die längste Hälfte des Lebens.
ROBERT SOUTHEY

Im Traum bist du niemals achtzig.
ANNE SEXTON

Alter bemißt sich nicht in Jahren. Die Natur verteilt ihre Energie nicht gerecht. Einige Menschen sind schon bei der Geburt alt und müde, andere noch mit siebzig obenauf.
DOROTHY THOMPSON

Die ersten hundert Jahre sind die schwersten.
WILSON MIZNER

Ein- oder zweimal im Leben ist wohl jeder für etwas Wichtiges genau im richtigen Alter.

FRANKLIN P. ADAMS

16

Sechzehn Kerzen leuchten wunderbar,
doch heller noch dein Augenpaar.

LUTHER DIXON

40

Mit vierzig ist man endlich soweit, daß man fünfundzwanzigjährige Männer richtig zu schätzen weiß.

COLLEEN MCCULLOUGH

Mit siebenundsiebzig sollte man langsam vernünftig werden.

SAMUEL JOHNSON

21

Mit einundzwanzig erscheint einem so vieles sicher, immerwährend, unerreichbar.

ORSON WELLES

Dezember

MONATSSTEIN: *Türkis (Erfolg)*
BLUME: *Narzisse*
FARBEN: *Indigo und Grün*
SCHÜTZE: *23. November bis 21. Dezember*
STEINBOCK: *22. Dezember bis 21. Januar*

Der Dezember lockt mit weihnachtlicher Wonne,
glasklarem Frost, Schnee und Wintersonne.

Kokos-Zitronencreme

250 G	BUTTER
2 TL	ABGERIEBENE ZITRONENSCHALE
1	PRISE SALZ
560 G	PUDERZUCKER, GESIEBT
180 G	MÖGLICHST FETTE SAHNE
3 EL	FRISCH GEPRESSTER ZITRONENSAFT
200 G	KOKOSRASPEL
	MANDEL-BLÄTTCHEN

❧ Butter auf Zimmertemperatur erwärmen lassen.

❧ Mit dem Mixer die Butter in einer großen Schüssel zusammen mit Zitronenschale und Salz schaumig schlagen, bis sie fast weiß ist.

❧ Den Mixer auf Stufe 1 stellen und allmählich Zucker und Sahne einarbeiten. Dann bei hoher Geschwindigkeit die Masse schlagen, bis sie locker und geschmeidig ist. Nun den Zitronensaft zugeben.

❧ **Zum Füllen der Kokos-Schichttorte von Seite 49 verwenden,** die Kokosraspel dabei schichtweise auf die Creme streuen.

Auf dem obersten Boden Mandelblättchen verteilen.

CREME FÜR EINE TORTE MIT DREI BÖDEN.

Bitte retuschieren Sie meine Falten nicht weg. Es hat lange gedauert, bis ich sie mir verdient habe.

ANNA MAGNANI

Einer der Vorteile des Alters ist, daß man fürs Picknick eine Entschuldigung hat.

WILLIAM FEATHER

Das Alter ist nichts für Weichlinge.

MALCOLM FORBES

Alt ist für mich nur jemand, der fünfzehn Jahre älter ist als ich.

BERNARD M. BARUCH

Ein Mann ist alt, wenn er an einem Obstgarten vorbeigeht, ohne sich an die Bauchschmerzen zu erinnern.

JAMES RUSSELL LOWELL

Mitten im Winter habe ich schließlich gelernt, daß es in mir einen unbesiegbaren Sommer gibt.

ALBERT CAMUS

Wenn man nur lange genug lebt, wird man geachtet - so ähnlich wie ein altes Gemäuer.

KATHARINE HEPBURN

Das Alter ist gar nicht so schlecht, wenn man die Alternative bedenkt.

MAURICE CHEVALIER

Es heißt immer, wenn man alt wird, verlöre man den Verstand. Aber keiner erwähnt, daß er einem nicht allzusehr fehlen wird.

MALCOLM COWLEY

Ein Mann wird alt, wenn er um eine Pfütze herumgeht und nicht mehr mittendurch.

R. C. FERGUSON

An beiden Enden brennt meine Kerze;
Am Morgen wird sie erloschen sein;
Doch ach, ihr Feinde, oh, ihr Freunde –
Wie hell ist noch ihr Schein!

EDNA ST. VINCENT MILLAY

Als ich eines Tages am Küchenfenster stand und hinaus in die Dämmerung blickte, sah ich eine alte Frau hereinschauen. Doch dann änderte sich plötzlich das Licht, und ich erkannte, daß ich selbst diese alte Frau war. Sehen Sie, man verändert sich nur äußerlich, im Inneren bleibt man gleich.

MOLLY KEANE

Falten sollten nur dort sein, wo vorher Lächeln war.

MARK TWAIN